Bella Sommerfugl og Andre Eventyr: Engelsk-Norske Fortellinger for Barn

Artici Kids

Published by Artici Kids, 2024.

While every precaution has been taken in the preparation of this book, the publisher assumes no responsibility for errors or omissions, or for damages resulting from the use of the information contained herein.

BELLA SOMMERFUGL OG ANDRE EVENTYR: ENGELSK-NORSKE FORTELLINGER FOR BARN

Table of Contents

The Mischievous Adventures of Pirate Pete

Once upon a time, in a land not so far away, there was a little pirate named Pete. Pirate Pete wasn't like any other pirate. He was the tiniest, cheekiest, and most mischievous pirate the world had ever seen. His ship, The Gigglesnort, was the most colorful ship on the seven seas, with sails painted in bright rainbow colors and a flag that had a big smiley face instead of the usual skull and crossbones.

Pete had a crew of the most unlikely characters. There was Captain Squawks, a parrot who thought he was the captain. Squawks loved giving orders, even if nobody really listened. Then there was Barnacle Bill, a sea turtle who could swim faster than any fish. He always had barnacles stuck to his shell, and he carried them proudly as if they were medals. Lastly, there was Jellybean Jack, a jellyfish who glowed in the dark. Jack was very shy and always got tangled up in the ship's ropes.

One sunny morning, Pirate Pete woke up with a brilliant idea. He wanted to find the legendary Treasure of Tickletown, a treasure so grand that it was said to make anyone who found it laugh uncontrollably for a whole week. "Crew, gather around!" shouted Pete, his eyes sparkling with excitement. "We're going on an adventure to find the Treasure of Tickletown!"

The crew cheered, especially Captain Squawks, who squawked, "Aye, aye, Cap'n!" even though he wasn't really the captain.

They set sail immediately, the rainbow sails of The Gigglesnort billowing in the wind. As they sailed across the crystal-clear ocean, they encountered all sorts of whimsical challenges. First, they sailed through the Sea of Silly Seagulls. The seagulls there loved to play tricks, swooping down to steal hats and tickling anyone who tried to shoo them away. Pete and his crew laughed so much their bellies hurt, but they managed to sail through with their hats in hand.

Next, they arrived at the Island of Giggling Giants. These giants were so tall that their heads touched the clouds. They had enormous feet that caused the ground to shake when they laughed, and they laughed a lot! Pete knew they had to make the giants laugh even harder to get past them. "Jellybean Jack, it's your time to shine!" said Pete.

Jellybean Jack floated up and started doing his best impression of a dancing jellybean. The giants roared with laughter, and their laughter was so powerful it created a path through the island. The crew quickly sailed through, thanking Jack for his bravery.

Finally, they reached the shores of Tickletown. Tickletown was a magical place where everyone laughed all the time. The streets were lined with candy cane trees, and the houses were made of gingerbread. At the center of Tickletown was the Ticklish Tower, where the treasure was hidden.

Pete and his crew made their way to the tower, but there was one final challenge: the Ticklish Guardian. The guardian was a giant ticklish octopus named Tickle-Tock. Every time someone tried to get past him, he would use his tentacles to tickle them until they couldn't move.

Pete knew he had to think of something clever. "Barnacle Bill, I have a plan," whispered Pete. "We need to tickle Tickle-Tock back!"

Barnacle Bill swam up to Tickle-Tock and started tickling his tentacles with his barnacles. Tickle-Tock burst into uncontrollable giggles, his tentacles flailing wildly. Pete and the crew slipped past him and climbed up to the Ticklish Tower's treasure room.

Inside the room was the legendary Treasure of Tickletown: a giant golden chest filled with magical laughing powder. Pete opened the chest, and a cloud of laughing powder filled the room. The crew laughed and laughed until they couldn't laugh anymore. They had found the treasure, and it was the most fun they had ever had.

Pirate Pete and his crew sailed back home with the treasure, knowing they had a story to tell for generations. And from that day on, whenever someone asked about the Treasure of Tickletown, Pete would grin and say, "It was a ticklish adventure, but we laughed all the way!"

Pirat-Petes Rampete Eventyr

———

Det var en gang, i et land ikke så langt unna, en liten pirat som het Pete. Pirat-Pete var ikke som noen annen pirat. Han var den minste, mest rampete og mest rampete piraten verden noen gang hadde sett. Skipet hans, Glisefniseren, var det mest fargerike skipet på de syv hav, med seil malt i lyse regnbuefarger og et flagg som hadde et stort smilefjes i stedet for den vanlige hodeskallen og korslagte bein.

Pete hadde et mannskap av de mest usannsynlige karakterene. Det var Kaptein Skravlek, en papegøye som trodde han var kapteinen. Skravlek elsket å gi ordre, selv om ingen egentlig hørte på. Så var det Skjell-Bill, en havskilpadde som kunne svømme raskere enn noen fisk. Han hadde alltid skjell festet til skallet sitt, og han bar dem stolt som om de var medaljer. Til slutt var det Gelé-Jack, en manet som lyste i mørket. Jack var veldig sjenert og ble alltid viklet inn i skipets tau.

En solrik morgen våknet Pirat-Pete med en genial idé. Han ville finne den legendariske Skattekisten fra Tikkleby, en skatt så stor at det ble sagt at den som fant den, ville le ustanselig i en hel uke. "Mannskap, samles rundt!" ropte Pete, øynene hans glitret av spenning. "Vi skal på et eventyr for å finne Skattekisten fra Tikkleby!"

Mannskapet jublet, spesielt Kaptein Skravlek, som skravlet: "Ja, kaptein!" selv om han egentlig ikke var kaptein.

De satte seil umiddelbart, regnbueseilene på Glisefniseren blåste i vinden. Mens de seilte over det krystallklare havet, møtte de alle slags lunefulle utfordringer. Først seilte de gjennom Sjøen av Tøysete Måker. Måkene der elsket å spille triks, svinge ned for å stjele hatter og kile alle som prøvde å jage dem bort. Pete og mannskapet lo så mye at magen deres gjorde vondt, men de klarte å seile gjennom med hattene i behold.

Neste stopp var Gigantens Gigleøy. Disse gigantene var så høye at hodene deres berørte skyene. De hadde enorme føtter som fikk bakken til å riste når de lo, og de lo mye! Pete visste at de måtte få gigantene til å le enda mer for å komme forbi dem. "Gelé-Jack, det er din tid til å skinne!" sa Pete.

Gelé-Jack svevde opp og begynte å gjøre sitt beste inntrykk av en dansende gelé. Gigantene brølte av latter, og latteren deres var så kraftig at det skapte en sti gjennom øya. Mannskapet seilte raskt gjennom, og takket Jack for hans tapperhet.

Til slutt nådde de Tikklebys kyster. Tikkleby var et magisk sted hvor alle lo hele tiden. Gatene var kantet med sukkertøytrær, og husene var laget av pepperkaker. Midt i Tikkleby var Tikkletårnet, hvor skatten var skjult.

Pete og mannskapet tok seg frem til tårnet, men det var en siste utfordring: den Tikklelige Vokteren. Vokteren var en gigantisk kilden blekksprut ved navn Tikkle-Tokk. Hver gang noen prøvde å komme forbi ham, brukte han tentaklene sine til å kile dem til de ikke kunne bevege seg.

Pete visste at han måtte finne på noe lurt. "Skjell-Bill, jeg har en plan," hvisket Pete. "Vi må kile Tikkle-Tokk tilbake!"

Skjell-Bill svømte opp til Tikkle-Tokk og begynte å kile tentaklene hans med skjellene sine. Tikkle-Tokk brøt ut i ukontrollerbare fnis, tentaklene hans flagret vilt. Pete og mannskapet snek seg forbi ham og klatret opp til skattkammeret i Tikkletårnet.

Inne i rommet var den legendariske Skattekisten fra Tikkleby: en gigantisk gullkiste fylt med magisk latterpulver. Pete åpnet kisten, og en sky av latterpulver fylte rommet. Mannskapet lo og lo til de ikke kunne le mer. De hadde funnet skatten, og det var det morsomste de noen gang hadde opplevd.

Pirat-Pete og mannskapet seilte hjem med skatten, vel vitende om at de hadde en historie å fortelle i generasjoner. Og fra den dagen, når noen spurte om Skattekisten fra Tikkleby, smilte Pete og sa: "Det var et kildrende eventyr, men vi lo hele veien!"

Rusty's Incredible Iceberg Adventure

In the heart of the North Pole, nestled among the shimmering snowflakes and towering icebergs, lived a reindeer named Rusty. Rusty wasn't like the other reindeer. He was smaller and more curious, with a coat that had a peculiar reddish tinge. While the other reindeer were content to practice flying and pulling Santa's sleigh, Rusty dreamed of adventures beyond the familiar snowy plains.

One frosty morning, as the sun cast a golden glow over the snowy landscape, Rusty woke up with an extraordinary idea. He decided to explore the Great Iceberg, a majestic and mysterious formation that everyone in the North Pole talked about but no one dared to explore. "Today's the day!" Rusty said to himself, his eyes twinkling with excitement.

Rusty set off, his tiny hooves crunching in the fresh snow. Along the way, he encountered his friends: Snowflake the Snow Hare, who could hop higher than any bunny, and Glimmer the Arctic Fox, whose fur shone like silver under the moonlight.

"Where are you off to, Rusty?" asked Snowflake, twitching her nose.

"I'm going to explore the Great Iceberg!" Rusty declared proudly.

Glimmer's eyes widened. "The Great Iceberg? That's far too dangerous!"

"Not for me!" Rusty replied, his heart brimming with determination. "I want to see what's out there."

Snowflake and Glimmer exchanged worried glances but decided to join Rusty on his adventure. They trotted alongside him, each step filled with anticipation and a hint of nervousness. The journey was long and challenging. They had to cross the Frosty Forest, where the trees were so thick with snow that it was like walking through a maze. Rusty led the way, using his keen sense of direction to guide his friends.

Next, they came upon the Icy River, which was so cold that even the bravest creatures hesitated to cross it. Rusty spotted a series of ice floes bobbing in the water. "We can jump across those!" he suggested.

Snowflake hopped from floe to floe with ease, and Glimmer followed suit, her nimble paws barely touching the ice before springing to the next. Rusty took a deep breath and jumped, his hooves landing perfectly on each floe until they all made it safely to the other side.

Finally, they arrived at the base of the Great Iceberg. It towered above them, glistening in the sunlight, and seemed to stretch all the way to the clouds. "Wow," whispered Glimmer. "It's even more magnificent up close."

Rusty's heart pounded with excitement. "Let's climb to the top!" he exclaimed.

The climb was steep and treacherous. The ice was slippery, and the wind howled around them. But Rusty's determination never wavered. He encouraged Snowflake and Glimmer, helping them find footholds and ensuring they didn't slip.

As they neared the top, Rusty noticed a small cave tucked into the side of the iceberg. "Look!" he called out. "Let's check it out!"

Inside the cave, the friends discovered something incredible: a hidden sanctuary filled with the most beautiful ice sculptures they had ever seen. There were statues of animals, trees, and even Santa's sleigh, all carved with exquisite detail and sparkling like diamonds.

"This is amazing!" Snowflake gasped, her eyes wide with wonder.

Glimmer nodded. "It's like a secret world!"

Rusty beamed with pride. "We did it! We discovered the secrets of the Great Iceberg!"

As they explored the sanctuary, they found a small, glowing crystal at the center of the cave. Rusty picked it up, and suddenly, the cave was filled with a warm, magical light. The crystal emitted a melody that sounded like a thousand tinkling bells, and Rusty felt a surge of energy and happiness.

"This must be the Heart of the Iceberg," Rusty whispered, holding the crystal gently. "It's what makes this place so special."

The friends decided to take the crystal back to the North Pole to show everyone. Carefully, they made their way down the iceberg and back across the Icy River and through the Frosty Forest. When they returned, the other reindeer and creatures gathered around, amazed by the glowing crystal and the story of their adventure.

"You've done something incredible, Rusty," said Donner, one of Santa's top reindeer. "You've shown us that even the smallest reindeer can do great things."

Rusty's heart swelled with pride. He had always believed he was meant for more than just staying in the North Pole, and now he had proved it. The Heart of the Iceberg became a cherished treasure, and Rusty's adventure inspired everyone to believe in their dreams, no matter how big or small.

And so, Rusty the reindeer became a legend in the North Pole, known for his courage, curiosity, and the magical adventure that changed everything. From that day on, every time someone looked at the Great Iceberg, they remembered Rusty's incredible journey and the power of believing in oneself.

Rustys Utrolige Isfjelleventyr

I hjertet av Nordpolen, blant de glitrende snøfnuggene og ruvende isfjellene, bodde en reinsdyr ved navn Rusty. Rusty var ikke som de andre reinsdyrene. Han var mindre og mer nysgjerrig, med en pels som hadde et særegent rødlig skjær. Mens de andre reinsdyrene var fornøyde med å øve på å fly og trekke Julenissens slede, drømte Rusty om eventyr utover de kjente snødekte slettene.

En frostkald morgen, da solen kastet et gyllent skinn over det snødekte landskapet, våknet Rusty med en ekstraordinær idé. Han bestemte seg for å utforske Det Store Isfjellet, en majestetisk og mystisk formasjon som alle på Nordpolen snakket om, men som ingen våget å utforske. "I dag er dagen!" sa Rusty til seg selv, øynene hans funklet av spenning.

Rusty la av gårde, de små klovene hans knaset i den ferske snøen. Underveis møtte han vennene sine: Snøfnugg, Snøharen som kunne hoppe høyere enn noen annen kanin, og Glimmer, Polarreven hvis pels skinte som sølv i måneskinnet.

"Hvor skal du, Rusty?" spurte Snøfnugg og rykket på nesen.

"Jeg skal utforske Det Store Isfjellet!" erklærte Rusty stolt.

Glimmers øyne ble store. "Det Store Isfjellet? Det er altfor farlig!"

"Ikke for meg!" svarte Rusty, hjertet hans fylt med besluttsomhet. "Jeg vil se hva som er der ute."

Snøfnugg og Glimmer utvekslet bekymrede blikk, men bestemte seg for å bli med Rusty på eventyret. De travet ved siden av ham, hvert steg fylt med forventning og et snev av nervøsitet. Reisen var lang og utfordrende. De måtte krysse Den Frostige Skogen, hvor trærne var så tykke med snø at det var som å gå gjennom en labyrint. Rusty ledet an, brukte sin gode stedsans til å veilede vennene sine.

Deretter kom de til Den Iskalde Elven, som var så kald at selv de modigste skapningene nølte med å krysse den. Rusty fikk øye på en rekke isflak som duppet i vannet. "Vi kan hoppe over disse!" foreslo han.

Snøfnugg hoppet fra flak til flak med letthet, og Glimmer fulgte etter, de smidige potene hennes rørte knapt isen før hun sprang til neste flak. Rusty tok en dyp pust og hoppet, klovene hans landet perfekt på hvert flak til de alle trygt kom seg over til den andre siden.

Endelig kom de til foten av Det Store Isfjellet. Det ruvet over dem, glitret i sollyset og virket som det strakte seg helt opp til skyene. "Wow," hvisket Glimmer. "Det er enda mer praktfullt på nært hold."

Rustys hjerte banket av spenning. "La oss klatre til toppen!" utbrøt han.

Klatringen var bratt og farlig. Isen var glatt, og vinden ulte rundt dem. Men Rustys besluttsomhet vaklet aldri. Han oppmuntret

Snøfnugg og Glimmer, hjalp dem med å finne fotfeste og sørget for at de ikke skled.

Da de nærmet seg toppen, la Rusty merke til en liten hule inne i isfjellet. "Se!" ropte han. "La oss sjekke det ut!"

Inne i hulen oppdaget vennene noe utrolig: et skjult tilfluktssted fylt med de vakreste isskulpturene de noen gang hadde sett. Det var statuer av dyr, trær og til og med Julenissens slede, alle utskåret med utsøkte detaljer og gnistret som diamanter.

"Dette er fantastisk!" gispet Snøfnugg, øynene hennes store av undring.

Glimmer nikket. "Det er som en hemmelig verden!"

Rusty strålte av stolthet. "Vi gjorde det! Vi oppdaget hemmelighetene til Det Store Isfjellet!"

Mens de utforsket tilfluktsstedet, fant de en liten, glødende krystall i midten av hulen. Rusty plukket den opp, og plutselig ble hulen fylt med et varmt, magisk lys. Krystallen utsendte en melodi som hørtes ut som tusen klingende bjeller, og Rusty følte en bølge av energi og lykke.

"Dette må være Isfjellets Hjerte," hvisket Rusty, og holdt krystallen forsiktig. "Det er det som gjør dette stedet så spesielt."

Vennene bestemte seg for å ta med krystallen tilbake til Nordpolen for å vise alle. Forsiktig tok de seg ned isfjellet og tilbake over Den Iskalde Elven og gjennom Den Frostige Skogen. Da de kom tilbake, samlet de andre reinsdyrene og skapningene seg rundt, forundret over den glødende krystallen og historien om deres eventyr.

"Du har gjort noe utrolig, Rusty," sa Donner, en av Julenissens topprensdyr. "Du har vist oss at selv det minste reinsdyret kan gjøre store ting."

Rustys hjerte svulmet av stolthet. Han hadde alltid trodd at han var ment for mer enn bare å bli på Nordpolen, og nå hadde han bevist det. Isfjellets Hjerte ble en kjær skatt, og Rustys eventyr inspirerte alle til å tro på drømmene sine, uansett hvor store eller små de var.

Og slik ble Rusty reinsdyret en legende på Nordpolen, kjent for sitt mot, sin nysgjerrighet og det magiske eventyret som forandret alt. Fra den dagen av, hver gang noen så på Det Store Isfjellet, husket de Rustys utrolige reise og kraften i å tro på seg selv.

Whiskers and the Case of the Missing Moonstone

Once upon a time in the bustling town of Purrington, there lived a cat named Whiskers. Whiskers wasn't just any cat; he was the town's finest detective. With his sleek, gray fur and piercing green eyes, he had a knack for solving the trickiest mysteries. Whiskers lived in a cozy attic above Miss Mabel's Bakery, where the smell of freshly baked bread and cookies always wafted through the air.

One sunny morning, as Whiskers was enjoying a warm cup of milk, a frantic knock came at the door. It was Mrs. Tibbles, the town librarian. "Whiskers! You must help me!" she exclaimed, her whiskers twitching with worry.

"Calm down, Mrs. Tibbles. What's the matter?" Whiskers asked, inviting her to sit down.

"It's the Moonstone!" Mrs. Tibbles cried. "The priceless Moonstone that was on display at the library has been stolen!"

Whiskers' eyes narrowed. The Moonstone was a legendary gem said to have magical properties, and its loss was a serious matter. "I'll get to the bottom of this," Whiskers assured her. "Tell me everything you know."

Mrs. Tibbles explained that the Moonstone had been locked in a glass case, and only a few people had access to it. "It was there last night when I locked up, but this morning, the case was shattered, and the Moonstone was gone!"

Whiskers nodded thoughtfully. "I'll need to inspect the scene. Let's head to the library."

At the library, Whiskers examined the broken glass and looked for clues. He noticed a few gray hairs on the floor and a set of muddy paw prints leading out the window. "Interesting," he murmured.

Next, Whiskers visited Mr. Mittens, the local jeweler who had appraised the Moonstone. "Mr. Mittens, have you heard anything about the Moonstone?" Whiskers asked.

Mr. Mittens shook his head. "No, Whiskers. But I did see Tom, the alley cat, lurking around the library last night. He looked quite suspicious."

"Thank you, Mr. Mittens. I'll have a word with Tom," Whiskers said, heading towards the alley where Tom often hung out.

Tom was lounging on a stack of crates, cleaning his paws. "Tom, we need to talk," Whiskers said sternly.

Tom looked up, his eyes wide. "Whiskers! What a surprise. What brings you here?"

"The Moonstone was stolen from the library, and I heard you were seen nearby last night," Whiskers said, watching Tom's reaction closely.

Tom's fur bristled. "I didn't steal it! I was just passing by. I saw a shadowy figure sneaking into the library, but I didn't get a good look."

Whiskers considered this. "Did you see where the figure went?"

"They headed towards the Old Mill," Tom replied. "That's all I know, I swear."

"Alright, Tom. Thank you. Stay out of trouble," Whiskers warned, making his way to the Old Mill.

The Old Mill was a decrepit building on the outskirts of Purrington, and it was rumored to be haunted. Whiskers wasn't afraid of ghosts, but he was wary of whoever might be hiding inside. He crept through the tall grass, his eyes scanning for any signs of movement.

Inside the mill, Whiskers found a series of footprints leading to a hidden trapdoor. He carefully opened it and descended into a dimly lit cellar. There, in the center of the room, stood the notorious burglar, Shadow. Shadow was a sleek black cat with a reputation for stealing priceless artifacts.

"Well, well, if it isn't Detective Whiskers," Shadow purred, her eyes glinting in the low light. "Come to join the party?"

"I'm here for the Moonstone, Shadow," Whiskers said firmly. "Hand it over."

Shadow smirked. "You think you can just waltz in here and demand it? You've got another thing coming."

Whiskers knew he had to act fast. He leapt towards Shadow, and the two cats tussled, their claws flashing and fur flying. Whiskers was quick and agile, dodging Shadow's attacks and countering with his own. In a swift move, he managed to pin Shadow down and retrieve the Moonstone from her satchel.

"It's over, Shadow. You're coming with me," Whiskers said, securing her paws with a piece of rope.

Back at the library, Whiskers returned the Moonstone to Mrs. Tibbles, who was overjoyed. "Oh, thank you, Whiskers! You've saved the day once again!"

"All in a day's work, Mrs. Tibbles," Whiskers said with a smile. He glanced at Shadow, who was sitting quietly, a look of defeat in her eyes. "I think Shadow has some explaining to do."

Shadow sighed. "Alright, you caught me. I was trying to sell the Moonstone to get out of debt. I'm sorry for all the trouble I've caused."

Whiskers nodded. "Apology accepted, but you'll need to make amends. Maybe you can start by helping out at the library."

Shadow agreed, and under Mrs. Tibbles' watchful eye, she began to repay her debt to society. As for Whiskers, he returned to his cozy attic, ready for his next big case. The town of Purrington knew that as long as Detective Whiskers was around, no mystery would remain unsolved for long.

Whiskers og Saken med den Forsvunne Månestenen

En gang i tiden, i den travle byen Purrington, bodde det en katt ved navn Whiskers. Whiskers var ikke hvilken som helst katt; han var byens beste detektiv. Med sin slanke, grå pels og gjennomborende grønne øyne, hadde han en spesiell evne til å løse de vanskeligste mysteriene. Whiskers bodde i et koselig loft over Fru Mabels Bakeri, hvor lukten av nybakt brød og småkaker alltid svevde gjennom luften.

En solrik morgen, mens Whiskers nøt en varm kopp melk, hørte han en hektisk banking på døren. Det var Fru Tibbles, byens bibliotekar. "Whiskers! Du må hjelpe meg!" utbrøt hun, med værhårene dirrende av bekymring.

"Ro deg ned, Fru Tibbles. Hva er problemet?" spurte Whiskers, og inviterte henne til å sette seg ned.

"Det er Månestenen!" gråt Fru Tibbles. "Den uvurderlige Månestenen som var utstilt på biblioteket er blitt stjålet!"

Whiskers' øyne smalnet. Månestenen var en legendarisk juvel som sies å ha magiske egenskaper, og dens tap var en alvorlig sak. "Jeg skal komme til bunns i dette," forsikret Whiskers henne. "Fortell meg alt du vet."

Fru Tibbles forklarte at Månestenen hadde vært låst i en glassmonter, og bare noen få personer hadde tilgang til den. "Den var der i går kveld da jeg låste, men i morges var glassmonteren knust og Månestenen borte!"

Whiskers nikket tankefullt. "Jeg må inspisere åstedet. La oss dra til biblioteket."

På biblioteket undersøkte Whiskers det knuste glasset og lette etter spor. Han la merke til noen grå hår på gulvet og et sett med gjørmete poteavtrykk som ledet ut av vinduet. "Interessant," mumlet han.

Neste stopp var hos Herr Mittens, byens gullsmed som hadde verdsatt Månestenen. "Herr Mittens, har du hørt noe om Månestenen?" spurte Whiskers.

Herr Mittens ristet på hodet. "Nei, Whiskers. Men jeg så Tom, smugkatten, luske rundt biblioteket i går kveld. Han så ganske mistenkelig ut."

"Takk, Herr Mittens. Jeg skal ta en prat med Tom," sa Whiskers, og gikk mot smugene hvor Tom ofte oppholdt seg.

Tom lå på en stabel kasser og vasket potene sine. "Tom, vi må snakke sammen," sa Whiskers bestemt.

Tom så opp, med øynene store. "Whiskers! For en overraskelse. Hva bringer deg hit?"

"Månestenen ble stjålet fra biblioteket, og jeg hørte at du ble sett i nærheten i går kveld," sa Whiskers og fulgte nøye med på Toms reaksjon.

Toms pels reiste seg. "Jeg stjal den ikke! Jeg bare passerte forbi. Jeg så en skyggefull figur snike seg inn i biblioteket, men jeg fikk ikke sett godt hvem det var."

Whiskers vurderte dette. "Så du hvor figuren gikk?"

"De dro mot Gamle Mølla," svarte Tom. "Det er alt jeg vet, jeg sverger."

"Greit, Tom. Takk. Hold deg unna trøbbel," advarte Whiskers, og gikk mot Gamle Mølla.

Gamle Mølla var en falleferdig bygning i utkanten av Purrington, og det gikk rykter om at den var hjemsøkt. Whiskers var ikke redd for spøkelser, men han var varsom med hvem som kunne gjemme seg inni. Han snek seg gjennom det høye gresset, øynene speidet etter tegn på bevegelse.

Inne i mølla fant Whiskers en rekke fotspor som ledet til en skjult luke. Han åpnet den forsiktig og gikk ned i en svakt opplyst kjeller. Der, midt i rommet, stod den beryktede innbruddstyven, Shadow. Shadow var en slank svart katt med et rykte for å stjele uvurderlige gjenstander.

"Vel, vel, om det ikke er Detektiv Whiskers," malte Shadow, øynene hennes glitret i det svake lyset. "Kommet for å delta på festen?"

"Jeg er her for Månestenen, Shadow," sa Whiskers bestemt. "Gi den fra deg."

Shadow smilte skjevt. "Tror du virkelig at du bare kan marsjere inn her og kreve den? Du tar feil."

Whiskers visste at han måtte handle raskt. Han hoppet mot Shadow, og de to kattene sloss, klørne lynte og pels fløy. Whiskers var rask og smidig, unngikk Shadows angrep og kontret med sine egne. I en rask bevegelse klarte han å holde Shadow nede og hente Månestenen fra vesken hennes.

"Det er over, Shadow. Du blir med meg," sa Whiskers, og sikret potene hennes med et stykke tau.

Tilbake på biblioteket returnerte Whiskers Månestenen til Fru Tibbles, som var overstrømmende glad. "Åh, takk, Whiskers! Du har reddet dagen igjen!"

"Alt i en dags arbeid, Fru Tibbles," sa Whiskers med et smil. Han kastet et blikk på Shadow, som satt stille, med et nederlag i blikket. "Jeg tror Shadow har noe å forklare."

Shadow sukket. "Greit, du fanget meg. Jeg prøvde å selge Månestenen for å komme ut av gjeld. Jeg beklager alt trøbbelet jeg har forårsaket."

Whiskers nikket. "Unnskyldning akseptert, men du må gjøre opp for deg. Kanskje du kan begynne med å hjelpe til på biblioteket."

Shadow gikk med på det, og under Fru Tibbles' våkne øye begynte hun å betale tilbake sin gjeld til samfunnet. Når det gjelder Whiskers, vendte han tilbake til sitt koselige loft, klar for sin neste store sak. Byen Purrington visste at så lenge Detektiv Whiskers var i nærheten, ville ingen mysterier forbli uløste lenge.

Rainbow Rex and the Land of Colors

In a land not so far away, where the sky was always blue and the grass always green, there lived a rainbow named Rex. Rex wasn't like any ordinary rainbow; he was magical and full of life. He stretched across the sky with vibrant colors that shimmered and danced in the sunlight, bringing joy to everyone who saw him.

One morning, Rex noticed something unusual. His colors seemed to be fading. The red wasn't as bright, the orange wasn't as warm, and the blue wasn't as deep. Rex started to worry. What would happen if his colors disappeared altogether?

Rex decided to seek help from his friends. His first stop was at the Crystal Cave, where the wise old owl, Oliver, lived. Oliver knew everything about colors and light.

"Oliver, my colors are fading! What should I do?" Rex asked, his voice trembling with concern.

Oliver adjusted his spectacles and looked at Rex thoughtfully. "Hmm, it sounds like you need to visit the Land of Colors, Rex. It's a magical place where all the colors of the world come from. You can find it at the end of the rainbow."

Rex was excited but also nervous. He had never been to the end of the rainbow before. "How do I get there?" he asked.

"You must follow your own path, Rex," Oliver replied. "Each rainbow has its own unique end, and only you can find yours."

With newfound determination, Rex set off on his journey. He stretched across the sky, arching higher and higher until he reached the clouds. The wind whispered secrets to him as he passed, and the sun beamed down with encouragement.

Rex traveled over mountains and valleys, lakes and rivers, until he saw a glimmer in the distance. It was the end of his rainbow! He descended gently, his heart racing with anticipation.

As Rex reached the end of his rainbow, he found himself in the most beautiful place he had ever seen. The Land of Colors was a magical realm filled with sparkling waterfalls, lush gardens, and creatures of every hue imaginable. Flowers in every shade bloomed everywhere, and the air was filled with the sweet scent of nectar.

Rex marveled at the sight. "This place is amazing!" he exclaimed.

A friendly butterfly named Bella fluttered by and landed on Rex's nose. "Welcome to the Land of Colors, Rex! I've been expecting you. Follow me, and I'll take you to the Color Fountain."

Rex followed Bella through the vibrant landscape, his spirits lifting with every step. They arrived at a magnificent fountain that spouted streams of pure color into the air. Each drop sparkled like a jewel before falling back into the pool below.

"This is the Color Fountain," Bella explained. "It's where all the colors come from. You need to bathe in the fountain to restore your colors."

Rex dipped his tail into the pool, and instantly, he felt a rush of energy. The colors swirled around him, rejuvenating his faded hues. Red became bright and bold, orange glowed with warmth, and blue deepened to a rich, royal shade.

"This feels incredible!" Rex said, basking in the colors.

As Rex soaked in the fountain, he heard a gentle voice. "Rex, you have brought joy to so many with your beautiful colors. Now, it's time for the colors to return the favor."

Rex turned to see the Color Fairy, a radiant figure dressed in a gown of ever-changing colors. "Thank you, Color Fairy," Rex said. "I feel so much better now."

The Color Fairy smiled. "Remember, Rex, your colors are a gift. Use them to spread happiness and hope wherever you go."

"I will!" Rex promised, his heart brimming with gratitude.

With his colors fully restored, Rex thanked Bella and the Color Fairy and began his journey back home. As he stretched across the sky once more, his vibrant hues lit up the world below. People stopped and stared in awe at the most beautiful rainbow they had ever seen.

Back in his land, Rex was greeted with cheers and smiles. His friends were delighted to see his colors shining brighter than ever. From that day on, Rex made sure to visit the Land of Colors whenever he needed to recharge, and he continued to spread joy and wonder with his magical colors.

And so, Rex the Rainbow became a legend, known far and wide for his brilliant colors and the happiness he brought to everyone who saw him. No matter how dark the days might seem, as long as Rex was around, there was always a rainbow to remind them of the beauty and magic in the world.

Regnbue-Rex og Fargenes Land

I et land ikke så langt unna, hvor himmelen alltid var blå og gresset alltid grønt, bodde det en regnbue ved navn Rex. Rex var ikke som noen vanlig regnbue; han var magisk og full av liv. Han strakte seg over himmelen med livlige farger som glitret og danset i sollyset, og brakte glede til alle som så ham.

En morgen la Rex merke til noe uvanlig. Fargene hans virket å falme. Rødfargen var ikke like lys, oransjefargen var ikke like varm, og blåfargen var ikke like dyp. Rex begynte å bekymre seg. Hva ville skje hvis fargene hans forsvant helt?

Rex bestemte seg for å søke hjelp fra vennene sine. Hans første stopp var i Krystallhulen, hvor den kloke gamle uglen Oliver bodde. Oliver visste alt om farger og lys.

"Oliver, fargene mine falmer! Hva skal jeg gjøre?" spurte Rex, med stemmen skjelvende av bekymring.

Oliver justerte brillene sine og så tankefullt på Rex. "Hmm, det høres ut som du må besøke Fargenes Land, Rex. Det er et magisk sted hvor alle verdens farger kommer fra. Du kan finne det ved enden av regnbuen."

Rex var spent, men også nervøs. Han hadde aldri vært ved enden av regnbuen før. "Hvordan kommer jeg dit?" spurte han.

"Du må følge din egen sti, Rex," svarte Oliver. "Hver regnbue har sin egen unike ende, og bare du kan finne din."

Med nyvunnet besluttsomhet la Rex ut på reisen sin. Han strakte seg over himmelen, bøyde seg høyere og høyere til han nådde skyene. Vinden hvisket hemmeligheter til ham mens han passerte, og solen strålte ned med oppmuntring.

Rex reiste over fjell og daler, innsjøer og elver, til han så en glimt i det fjerne. Det var enden av regnbuen hans! Han sank forsiktig ned, hjertet hamret av forventning.

Da Rex nådde enden av regnbuen sin, fant han seg selv i det vakreste stedet han noen gang hadde sett. Fargenes Land var et magisk rike fylt med glitrende fossefall, frodige hager, og skapninger i alle tenkelige nyanser. Blomster i alle farger blomstret overalt, og luften var fylt med den søte duften av nektar.

Rex var målløs. "Dette stedet er fantastisk!" utbrøt han.

En vennlig sommerfugl ved navn Bella fløy forbi og landet på nesen til Rex. "Velkommen til Fargenes Land, Rex! Jeg har ventet på deg. Følg meg, så tar jeg deg med til Fargefontenen."

Rex fulgte Bella gjennom det livlige landskapet, og humøret hans løftet seg med hvert skritt. De ankom en praktfull fontene som sprutet ut strømmer av ren farge i luften. Hver dråpe glitret som en juvel før den falt tilbake i bassenget nedenfor.

"Dette er Fargefontenen," forklarte Bella. "Det er her alle fargene kommer fra. Du må bade i fontenen for å gjenopprette fargene dine."

Rex dyppet halen sin i bassenget, og med det samme følte han en bølge av energi. Fargene virvlet rundt ham og fornyet de falmede nyansene. Rødt ble lysende og dristig, oransje glødde med varme, og blått ble dypere til en rik, kongelig nyanse.

"Dette føles utrolig!" sa Rex, badet i farger.

Mens Rex nøt fontenen, hørte han en mild stemme. "Rex, du har brakt glede til så mange med dine vakre farger. Nå er det på tide at fargene gir noe tilbake."

Rex snudde seg og så Fargefeen, en strålende skikkelse kledd i en kjole av stadig skiftende farger. "Takk, Fargefe," sa Rex. "Jeg føler meg mye bedre nå."

Fargefeen smilte. "Husk, Rex, fargene dine er en gave. Bruk dem til å spre glede og håp hvor enn du går."

"Det skal jeg!" lovet Rex, hjertet fylt med takknemlighet.

Med fargene sine fullt gjenopprettet, takket Rex Bella og Fargefeen og begynte sin reise hjem igjen. Da han strakte seg over himmelen igjen, lyste de livlige fargene opp verden nedenfor. Folk stoppet opp og stirret i ærefrykt på den vakreste regnbuen de noen gang hadde sett.

Tilbake i sitt land ble Rex møtt med jubel og smil. Vennene hans var begeistret over å se fargene hans skinne sterkere enn noen gang. Fra den dagen sørget Rex for å besøke Fargenes Land når han trengte å lade opp, og han fortsatte å spre glede og undring med sine magiske farger.

Og slik ble Rex Regnbuen en legende, kjent vidt og bredt for sine strålende farger og den gleden han brakte til alle som så ham. Uansett hvor mørke dagene kunne virke, så lenge Rex var i nærheten, var det alltid en regnbue som minnet dem om skjønnheten og magien i verden.

32

Gulliver the Seagull and the Secret of Sapphire Bay

In a charming coastal town called Seabreeze, lived a seagull named Gulliver. Unlike other seagulls who were content squawking and snatching chips from tourists, Gulliver was an adventurer at heart. He spent his days exploring the vast sea, diving for shiny treasures, and dreaming of grand adventures.

One sunny morning, as Gulliver soared high above the sparkling waves, he spotted something unusual glinting in the waters below. His curiosity piqued, he dove down and discovered a small, old-fashioned bottle with a piece of parchment inside.

With a flap of his wings, Gulliver flew to his favorite perch on the lighthouse and carefully pried the bottle open with his beak. He unrolled the parchment and read:

"Find the hidden treasure of Sapphire Bay,

Follow the clues, don't stray away.

The first clue lies where the sun sets low,

In the cave where the glowing stones show."

Gulliver's heart raced with excitement. A treasure hunt! This was exactly the kind of adventure he had been longing for. He quickly decided to share his discovery with his best friends, Sammy the Starfish and Coral the Crab.

Gulliver flew to the rock pool where Sammy and Coral were playing. "Look what I found!" he exclaimed, showing them the parchment.

"A treasure map!" Sammy said, his eyes widening with excitement. "This is amazing!"

"But where is this cave with glowing stones?" Coral asked, scratching her head with a claw.

"I've seen it!" Gulliver said. "It's at the far end of Sapphire Bay. Let's go!"

The trio set off immediately, with Gulliver leading the way. As they flew and swam towards the cave, the sun began to set, casting a golden glow over the sea. They reached the cave just as the last rays of sunlight disappeared behind the horizon.

Inside the cave, they were greeted by a breathtaking sight. The walls were covered in luminescent stones that glowed in vibrant colors. "Wow!" Coral exclaimed. "It's beautiful!"

"Look for the next clue," Gulliver said, scanning the cave walls. "It has to be here somewhere."

After a few minutes of searching, Sammy spotted a small engraving on a stone near the back of the cave. "Over here!" he called. Gulliver and Coral hurried over and read the inscription:

"Seek the heart of the coral maze,

Where the seaweed dances in the waves."

"The coral maze!" Coral said. "That's in the heart of the reef."

"Then that's where we're going next," Gulliver said, his eyes gleaming with determination.

The friends made their way to the coral reef, navigating through the intricate passages of vibrant corals and swaying seaweed. It was a magical place, teeming with colorful fish and other sea creatures.

"Look, the seaweed is dancing in the waves!" Sammy pointed out.

"We must be close," Gulliver said, diving deeper into the reef.

They swam until they reached the center of the coral maze, where they found a heart-shaped formation of corals. In the middle of the formation, there was a small chest, partially buried in the sand.

"This must be it!" Coral said, her claws clicking excitedly.

Gulliver carefully opened the chest, and inside they found a gleaming pearl and another piece of parchment. He unrolled it and read aloud:

"Go to the place where dolphins play,

And listen to what they have to say."

"The dolphin lagoon!" Sammy exclaimed. "That's not far from here."

"Let's go!" Gulliver said, leading the way once more.

As they arrived at the dolphin lagoon, they saw a pod of dolphins leaping and playing in the water. Gulliver flew down and called out, "Excuse me, dolphins! We're on a treasure hunt and need your help."

A friendly dolphin named Delphine swam over. "Hello, Gulliver! What can we do for you?"

"We're looking for the next clue," Gulliver explained. "It said to listen to what the dolphins have to say."

Delphine thought for a moment and then nodded. "Ah, I know what you're looking for. Follow me."

Delphine led them to a secluded part of the lagoon, where an ancient, weathered stone sat at the water's edge. Carved into the stone were the final words of the treasure map:

"Where the ocean's song is loud and clear,

The treasure you seek is very near."

"The ocean's song…" Coral pondered. "That must mean the place where the waves crash the loudest."

"The cliffside!" Sammy said. "That's where the waves are always the loudest."

"Then to the cliffs we go!" Gulliver declared, and they set off on the last leg of their journey.

The friends arrived at the towering cliffs of Seabreeze as the waves crashed powerfully against the rocks below. Gulliver scanned the area for any signs of the treasure. Suddenly, he noticed a small, hidden alcove at the base of the cliff, accessible only during low tide.

"There!" Gulliver pointed with his wing. "We have to get down there."

The tide was low enough for Coral and Sammy to reach the alcove, while Gulliver flew ahead. Inside the alcove, they found a large, ornate chest encrusted with barnacles and shells. With eager hearts, they pried it open.

Inside the chest was a trove of glittering jewels, gold coins, and a beautiful sapphire pendant that sparkled like the sea. But there was something even more special – a message engraved on a golden plaque:

"Congratulations, brave adventurers!

You have found the hidden treasure of Sapphire Bay.

May your hearts always be filled with the spirit of adventure."

"We did it!" Sammy cheered, his star points wiggling with joy.

"This is incredible!" Coral said, holding up the sapphire pendant.

Gulliver smiled, feeling a warm sense of accomplishment. "We couldn't have done it without each other. This treasure is a reminder of our amazing adventure and the power of friendship."

The trio returned to Seabreeze, their hearts full of pride and excitement. They shared their story with the other animals, who listened in awe and admiration. Gulliver, Sammy, and Coral became local heroes, known for their bravery and the incredible journey they had embarked upon.

And so, Gulliver the Seagull continued to soar high above the waves, always ready for the next adventure, with his friends by his side. The secret of Sapphire Bay remained a cherished memory, a testament to the wonders that awaited those who dared to follow their dreams.

Måken Gulliver og Hemmeligheten ved Safirbukten

I en sjarmerende kystby kalt Seabreeze bodde en måke ved navn Gulliver. I motsetning til andre måker som var fornøyd med å skravle og snappe chips fra turister, var Gulliver en eventyrer i hjertet. Han tilbrakte dagene sine med å utforske det store havet, dykke etter skinnende skatter, og drømme om store eventyr.

En solrik morgen, mens Gulliver svevde høyt over de glitrende bølgene, fikk han øye på noe uvanlig som glitret i vannet nedenfor. Nysgjerrigheten hans ble vekket, og han dykket ned og oppdaget en liten, gammeldags flaske med et pergament inni.

Med et vingeslag fløy Gulliver til sin favorittplass på fyret og åpnet forsiktig flasken med nebbet. Han rullet ut pergamentet og leste:

"Finn den skjulte skatten i Safirbukten,

Følg sporene, ikke gå på villspor.

Det første sporet ligger der solen går ned,

I hulen hvor de glødende steinene vises."

Hjertet til Gulliver banket av spenning. En skattejakt! Dette var akkurat den typen eventyr han hadde lengtet etter. Han bestemte seg raskt for å dele sin oppdagelse med sine beste venner, sjøstjernen Sammy og krabben Coral.

Gulliver fløy til tidevannsbassenget hvor Sammy og Coral lekte. "Se hva jeg fant!" utbrøt han og viste dem pergamentet.

"Et skattekart!" sa Sammy, med øynene store av spenning. "Dette er fantastisk!"

"Men hvor er denne hulen med glødende steiner?" spurte Coral og klødde seg i hodet med en klo.

"Jeg har sett den!" sa Gulliver. "Den ligger ytterst i Safirbukten. La oss dra!"

Trioen satte av gårde med en gang, med Gulliver i spissen. Mens de fløy og svømte mot hulen, begynte solen å gå ned og kaste et gyllent skimmer over havet. De nådde hulen akkurat idet de siste solstrålene forsvant bak horisonten.

Inne i hulen ble de møtt av et betagende syn. Veggene var dekket av lysende steiner som glødde i livlige farger. "Wow!" utbrøt Coral. "Det er vakkert!"

"Se etter det neste sporet," sa Gulliver mens han skannet huleveggene. "Det må være her et sted."

Etter noen minutters leting oppdaget Sammy en liten inskripsjon på en stein bakerst i hulen. "Her borte!" ropte han. Gulliver og Coral skyndte seg bort og leste innskriften:

"Søk hjertet av koralllabyrinten,

Der sjøgresset danser i bølgene."

"Koralllabyrinten!" sa Coral. "Den ligger midt i revet."

"Da er det dit vi skal neste," sa Gulliver, med blikket strålende av besluttsomhet.

Vennerne tok seg til korallrevet og navigerte gjennom de intrikate passasjene av fargerike koraller og vaiende sjøgress. Det var et magisk sted, fylt med fargerike fisker og andre sjøskapninger.

"Se, sjøgresset danser i bølgene!" påpekte Sammy.

"Vi må være nærme," sa Gulliver og dykket dypere inn i revet.

De svømte til de nådde sentrum av koralllabyrinten, hvor de fant en hjerteformet formasjon av koraller. I midten av formasjonen var det en liten kiste, delvis begravet i sanden.

"Dette må være det!" sa Coral, med klørne klikkende av spenning.

Gulliver åpnet forsiktig kisten, og inni fant de en skinnende perle og et annet pergament. Han rullet det ut og leste høyt:

"Gå til stedet der delfiner leker,

Og lytt til hva de har å si."

"Delfinlagunen!" utbrøt Sammy. "Den er ikke langt herfra."

"La oss dra!" sa Gulliver og ledet an igjen.

Da de ankom delfinlagunen, så de en flokk delfiner hoppe og leke i vannet. Gulliver fløy ned og ropte, "Unnskyld, delfiner! Vi er på skattejakt og trenger deres hjelp."

En vennlig delfin ved navn Delphine svømte over. "Hallo, Gulliver! Hva kan vi gjøre for deg?"

"Vi leter etter det neste sporet," forklarte Gulliver. "Det sa at vi skulle lytte til hva delfinene har å si."

Delphine tenkte et øyeblikk og nikket så. "Ah, jeg vet hva dere leter etter. Følg meg."

Delphine førte dem til en avsides del av lagunen, hvor en eldgammel, værbitt stein lå ved vannkanten. Inngravert i steinen var de siste ordene på skattekartet:

"Der havets sang er høy og klar,

Er skatten dere søker veldig nær."

"Havets sang..." funderte Coral. "Det må bety stedet der bølgene bruser høyest."

"Klippene!" sa Sammy. "Der er bølgene alltid de høyeste."

"Da drar vi til klippene!" erklærte Gulliver, og de satte av gårde på den siste etappen av reisen.

Vennerne ankom de tårnhøye klippene i Seabreeze akkurat idet bølgene kraftig slo mot klippene nedenfor. Gulliver skannet området for tegn på skatten. Plutselig oppdaget han en liten, skjult alkove ved foten av klippen, tilgjengelig bare ved lavvann.

"Der!" pekte Gulliver med vingen. "Vi må ned dit."

Tidevannet var lavt nok til at Coral og Sammy kunne nå alkoven, mens Gulliver fløy foran. Inne i alkoven fant de en stor, utsmykket kiste dekket av rur og skjell. Med ivrige hjerter åpnet de den.

Inni kisten var det en mengde glitrende juveler, gullmynter, og et vakkert safiranheng som glitret som havet. Men det var noe enda mer spesielt – en melding inngravert på en gyllen plakett:

"Gratulerer, modige eventyrere!

Dere har funnet den skjulte skatten i Safirbukten.

Må deres hjerter alltid være fylt med eventyrlyst."

"Vi klarte det!" jublet Sammy, stjernespissene hans vrikket av glede.

"Dette er utrolig!" sa Coral, og holdt opp safiranhengene.

Gulliver smilte, fylt av en varm følelse av prestasjon. "Vi kunne ikke gjort det uten hverandre. Denne skatten er en påminnelse om vårt fantastiske eventyr og kraften i vennskap."

Trioen vendte tilbake til Seabreeze, hjertene fulle av stolthet og spenning. De delte historien sin med de andre dyrene, som lyttet i ærefrykt og beundring. Gulliver, Sammy, og Coral ble lokale helter, kjent for sitt mot og den utrolige reisen de hadde lagt ut på.

Og slik fortsatte måken Gulliver å sveve høyt over bølgene, alltid klar for det neste eventyret, med vennene sine ved sin side. Hemmeligheten ved Safirbukten forble et kjært minne, et bevis på de vidunderne som venter de som tør å følge drømmene sine.

Bella the Butterfly and the Enchanted Garden

In a faraway land filled with lush meadows and sparkling streams, there lived a butterfly named Bella. Bella wasn't just any butterfly; she had the most dazzling wings in all the land, shimmering with every color of the rainbow. She loved to flutter around, spreading joy and beauty wherever she went.

One fine morning, Bella woke up feeling particularly adventurous. She decided to explore beyond her usual meadows and see what lay in the mysterious Enchanted Garden that everyone talked about. It was said that the Enchanted Garden held magical secrets and treasures beyond imagination.

As Bella flew over the fields, she hummed a cheerful tune. The sun was shining brightly, and the flowers below swayed gently in the breeze. After a while, Bella reached the edge of the forest that bordered the Enchanted Garden. She felt a tingle of excitement and a bit of nervousness as she entered the shadowy woods.

The forest was thick with towering trees and winding vines, making it difficult for Bella to navigate. But she pressed on, determined to find the garden. Suddenly, she heard a soft, melodious voice.

"Who goes there?" the voice asked.

Bella turned to see a wise old owl perched on a branch, his large eyes twinkling with curiosity. "Hello, I'm Bella. I'm looking for the Enchanted Garden," she replied.

The owl, named Oliver, nodded sagely. "The Enchanted Garden is a wondrous place, but it is not easy to find. You must solve three riddles to enter. Are you ready for the challenge?"

Bella nodded eagerly. "I'm ready!"

Oliver cleared his throat and began. "The first riddle is this: I'm not alive, but I grow; I don't have lungs, but I need air; I don't have a mouth, and I can drown. What am I?"

Bella thought hard, her wings twitching as she considered the riddle. After a moment, she smiled. "It's a fire! Fire needs air to burn, it can grow, and it can be extinguished by water."

Oliver hooted with approval. "Correct! Here is your second riddle: I have keys but open no locks. I have space but no room. You can enter, but you can't go outside. What am I?"

Bella pondered this new riddle. "Keys and space... hmm," she murmured. Suddenly, it struck her. "It's a keyboard! A keyboard has keys, spaces, and you can enter text."

"Excellent!" Oliver said. "You're very clever, Bella. Now, the final riddle: I speak without a mouth and hear without ears. I have no body, but I come alive with the wind. What am I?"

This riddle was the trickiest yet. Bella fluttered around, deep in thought. She closed her eyes and listened to the sounds around her. Then she realized the answer. "An echo! An echo repeats sounds without a mouth or ears, and it travels with the wind."

"Bravo!" Oliver exclaimed. "You have solved all the riddles. The path to the Enchanted Garden lies just ahead."

Bella thanked Oliver and flew down the path he indicated. Soon, the dense forest began to thin, and she found herself in a clearing filled with the most extraordinary sight. The Enchanted Garden was more beautiful than she had ever imagined. Flowers of every hue bloomed in perfect harmony, and sparkling streams wove through the lush greenery. The air was filled with the sweet scent of blossoms and the gentle hum of nature.

As Bella explored the garden, she noticed a group of butterflies fluttering around a magnificent flower at the center. This flower, larger and more radiant than any she had ever seen, seemed to glow with a magical light.

Curious, Bella approached the flower. The other butterflies greeted her warmly and introduced themselves. "Welcome, Bella," said a butterfly with iridescent wings. "We are the guardians of the Enchanted Garden. This flower is the Heart of the Garden, and it holds the magic that keeps this place alive."

Bella marveled at the Heart of the Garden. "It's beautiful! Is there anything I can do to help?"

The guardian butterfly smiled. "Actually, Bella, we do need your help. The magic of the Heart is fading, and we must restore it by spreading its pollen to the farthest corners of the garden. Will you help us?"

"Of course!" Bella replied enthusiastically.

Each butterfly took a small pouch of golden pollen from the Heart of the Garden. Bella followed the guardians as they fluttered across the garden, carefully spreading the precious pollen over the flowers, streams, and trees. Everywhere the pollen touched, the colors grew brighter, and the air became filled with a joyful energy.

As they worked, Bella noticed a small, withered flower in a shadowy corner of the garden. "What about this one?" she asked.

The guardian butterfly looked concerned. "That's the Luminous Lily. It's very special, but it has been fading faster than the others. It needs extra care."

Bella gently sprinkled the golden pollen over the Luminous Lily, and to her delight, it began to glow softly. "Don't worry, little Lily. You'll be bright and beautiful again soon," she whispered.

After hours of diligent work, the garden was more radiant than ever. The flowers sparkled, the streams shimmered, and the air was filled with a sense of enchantment. The guardian butterflies gathered around Bella, their wings shimmering with gratitude.

"Thank you, Bella," the lead guardian said. "Your kindness and bravery have saved our garden. You are now an honorary guardian of the Enchanted Garden."

Bella's heart swelled with pride and happiness. She had not only found the Enchanted Garden but had also become a part of its magic. "I'm honored," she said. "I'll visit often to make sure the garden stays as beautiful as it is today."

As the sun set, casting a golden glow over the Enchanted Garden, Bella bid farewell to her new friends and flew back towards her meadow. She felt a sense of fulfillment and excitement for the adventures yet to come.

From that day on, Bella the Butterfly was known far and wide for her bravery and her heart of gold. She continued to explore, spread joy, and protect the magic of the Enchanted Garden, ensuring it remained a place of wonder and beauty for all creatures to enjoy.

Bella Sommerfugl og Den Fortryllede Hagen

I et land langt borte, fylt med frodige enger og glitrende bekker, bodde en sommerfugl ved navn Bella. Bella var ikke en hvilken som helst sommerfugl; hun hadde de mest blendende vingene i hele landet, som glitret i alle regnbuens farger. Hun elsket å flakse rundt og spre glede og skjønnhet hvor enn hun gikk.

En fin morgen våknet Bella med en følelse av eventyrlyst. Hun bestemte seg for å utforske utover de vanlige engene og se hva som lå i den mystiske Fortryllede Hagen som alle snakket om. Det ble sagt at Den Fortryllede Hagen skjulte magiske hemmeligheter og skatter utover fantasiens grenser.

Mens Bella fløy over markene, nynnet hun en munter melodi. Solen skinte sterkt, og blomstene nedenfor svaiet forsiktig i brisen. Etter en stund nådde Bella kanten av skogen som grenset til Den Fortryllede Hagen. Hun følte en kribling av spenning og litt nervøsitet da hun gikk inn i den skyggefulle skogen.

Skogen var tett med tårnhøye trær og slyngende vinstokker, noe som gjorde det vanskelig for Bella å navigere. Men hun fortsatte, bestemt på å finne hagen. Plutselig hørte hun en myk, melodisk stemme.

"Hvem går der?" spurte stemmen.

Bella snudde seg og så en vis gammel ugle sittende på en gren, med store øyne som glitret av nysgjerrighet. "Hei, jeg er Bella. Jeg leter etter Den Fortryllede Hagen," svarte hun.

Uglen, som het Oliver, nikket klokt. "Den Fortryllede Hagen er et vidunderlig sted, men det er ikke lett å finne. Du må løse tre gåter for å komme inn. Er du klar for utfordringen?"

Bella nikket ivrig. "Jeg er klar!"

Oliver kremtet og begynte. "Den første gåten er denne: Jeg er ikke levende, men jeg vokser; jeg har ikke lunger, men jeg trenger luft; jeg har ikke munn, og jeg kan drukne. Hva er jeg?"

Bella tenkte hardt, vingene hennes rykket mens hun overveide gåten. Etter et øyeblikk smilte hun. "Det er ild! Ild trenger luft for å brenne, den kan vokse, og den kan slukkes av vann."

Oliver ulte med godkjenning. "Korrekt! Her er din andre gåte: Jeg har nøkler, men åpner ingen låser. Jeg har plass, men ingen rom. Du kan gå inn, men du kan ikke gå ut. Hva er jeg?"

Bella funderte over denne nye gåten. "Nøkler og plass... hmm," mumlet hun. Plutselig slo det henne. "Det er et tastatur! Et tastatur har nøkler, mellomrom, og du kan trykke enter."

"Utmerket!" sa Oliver. "Du er veldig smart, Bella. Nå, den siste gåten: Jeg snakker uten munn og hører uten ører. Jeg har ingen kropp, men jeg blir levende med vinden. Hva er jeg?"

Denne gåten var den vanskeligste hittil. Bella flakset rundt, dypt i tanker. Hun lukket øynene og lyttet til lydene rundt seg. Da skjønte hun svaret. "Et ekko! Et ekko gjentar lyder uten munn eller ører, og det reiser med vinden."

"Bravo!" utbrøt Oliver. "Du har løst alle gåtene. Stien til Den Fortryllede Hagen ligger rett foran."

Bella takket Oliver og fløy ned stien han pekte på. Snart begynte den tette skogen å tynne ut, og hun fant seg selv i en lysning fylt med det mest ekstraordinære synet. Den Fortryllede Hagen var vakrere enn hun noensinne hadde forestilt seg. Blomster i alle farger blomstret i perfekt harmoni, og glitrende bekker slynget seg gjennom det frodige grøntområdet. Luften var fylt med den søte duften av blomster og den milde summingen av naturen.

Mens Bella utforsket hagen, la hun merke til en gruppe sommerfugler som flakset rundt en praktfull blomst i midten. Denne blomsten, større og mer strålende enn noen hun noen gang hadde sett, virket å gløde med et magisk lys.

Nysgjerrig nærmet Bella seg blomsten. De andre sommerfuglene hilste henne varmt og introduserte seg. "Velkommen, Bella," sa en sommerfugl med iriserende vinger. "Vi er vokterne av Den Fortryllede Hagen. Denne blomsten er Hjertet av Hagen, og den inneholder magien som holder dette stedet levende."

Bella beundret Hjertet av Hagen. "Den er vakker! Er det noe jeg kan gjøre for å hjelpe?"

Den iriserende sommerfuglen smilte. "Faktisk, Bella, vi trenger din hjelp. Magien i Hjertet svinner, og vi må gjenopprette den ved å spre dens pollen til de fjerneste hjørnene av hagen. Vil du hjelpe oss?"

"Selvfølgelig!" svarte Bella entusiastisk.

Hver sommerfugl tok en liten pose med gyllen pollen fra Hjertet av Hagen. Bella fulgte vokterne mens de flakset over hagen, og spredte den verdifulle pollenen over blomstene, bekkene og trærne. Overalt hvor pollenen rørte, ble fargene lysere, og luften ble fylt med en gledelig energi.

Mens de jobbet, la Bella merke til en liten, visnet blomst i et skyggelagt hjørne av hagen. "Hva med denne?" spurte hun.

Den iriserende sommerfuglen så bekymret ut. "Det er den Lysende Liljen. Den er veldig spesiell, men den har falmet raskere enn de andre. Den trenger ekstra omsorg."

Bella drysset forsiktig den gyldne pollenen over den Lysende Liljen, og til hennes glede begynte den å gløde svakt. "Ikke bekymre deg, lille lilje. Du vil snart være lys og vakker igjen," hvisket hun.

Etter mange timers hardt arbeid, var hagen mer strålende enn noen gang. Blomstene glitret, bekkene skimret, og luften var fylt med en følelse av fortryllelse. Voktersommerfuglene samlet seg rundt Bella, vingene deres glitret av takknemlighet.

"Takk, Bella," sa hovedvokteren. "Din vennlighet og ditt mot har reddet hagen vår. Du er nå en æresvokter av Den Fortryllede Hagen."

Hjertet til Bella svulmet av stolthet og lykke. Hun hadde ikke bare funnet Den Fortryllede Hagen, men hadde også blitt en del av dens magi. "Jeg er beæret," sa hun. "Jeg vil besøke ofte for å sørge for at hagen forblir så vakker som den er i dag."

Mens solen gikk ned og kastet et gyllent skimmer over Den Fortryllede Hagen, tok Bella farvel med sine nye venner og fløy tilbake mot engen sin. Hun følte en følelse av tilfredshet og spenning for de eventyrene som enda ventet.

Fra den dagen av ble Bella Sommerfugl kjent vidt og bredt for sitt mot og sitt hjerte av gull. Hun fortsatte å utforske, spre glede, og beskytte magien i Den Fortryllede Hagen, og sørget for at den forble et sted av undring og skjønnhet for alle skapninger å nyte.

The Mermaid Who Wanted Legs

Once upon a time in the deep blue sea, where the water was as clear as crystal and the fish danced in shimmering schools, lived a curious mermaid named Marina. Marina wasn't like the other mermaids who spent their days combing their hair with seashells and playing with dolphins. No, Marina dreamed of something more: she wanted to walk on land!

Every day, Marina would swim up to the surface and gaze longingly at the shore. She would watch children building sandcastles, playing games, and running freely along the beach. "Oh, how I wish I could join them," she sighed wistfully.

Marina's best friend, a wise old sea turtle named Terrance, often listened to her dreams. One sunny morning, as they floated near a coral reef, Terrance turned to Marina with a twinkle in his eye. "Marina, my dear, have you heard of the magical starfish that grants wishes?"

Marina's eyes widened with excitement. "A magical starfish? Tell me more, Terrance!"

Terrance nodded sagely. "Legend has it that deep in the heart of the Coral Palace, there lies a magical starfish that can grant any wish. But reaching it won't be easy. You must prove your bravery and kindness along the way."

Determined to make her dream come true, Marina set off on an adventure. She swam through sunlit coral reefs, dodged playful sea otters, and even outsmarted a mischievous octopus who tried to tickle her with his tentacles.

Finally, after a long journey through the depths of the sea, Marina arrived at the Coral Palace. The palace was a magnificent sight, with towers of coral adorned with pearls and seaweed curtains that swayed gently in the currents. At the heart of the palace, Marina found the magical starfish resting on a bed of sparkling sand.

"Hello, brave mermaid," the starfish whispered in a voice as soft as the ocean breeze. "I am the keeper of dreams. What is your greatest wish?"

Marina took a deep breath and spoke from her heart. "Oh, magical starfish, I wish to have legs so I can walk on land and explore the world above the sea."

The starfish glowed brightly and nodded. "Your wish shall be granted, but remember, with this gift comes great responsibility. Use it wisely and always cherish the sea, for it is your home."

With a flick of its fins, the starfish cast a shimmering spell over Marina. She felt a tingling sensation in her tail, and slowly, scales turned to skin. Marina gasped in delight as she saw two slender legs where her tail had once been.

"I did it! I have legs!" Marina exclaimed, twirling around in joy. She thanked the magical starfish and bid farewell to the Coral Palace and her friends.

As Marina swam to the surface, her heart raced with excitement. She emerged from the water and stepped onto the warm sand for the first time. The feeling of grains between her toes was like nothing she had ever experienced. She took a cautious step forward, then another, and soon she was running along the beach, laughing with pure happiness.

The children playing on the shore stopped and stared in awe at the beautiful mermaid with legs. "Who are you?" one of them asked, eyes wide with wonder.

"My name is Marina," she replied with a smile. "I'm a mermaid who wished for legs so I could explore your world."

From that day on, Marina became a beloved friend to all the children along the shore. She taught them about the wonders of the sea and shared stories of her underwater adventures. And every evening, as the sun set over the horizon, Marina would return to the ocean, where she belonged, grateful for her magical wish and the joy it brought to both worlds.

Havfruen Som Ønsket Seg Ben

En gang i en dyp blå sjø, der vannet var klart som krystall og fiskene danset i glitrende skoler, bodde det en nysgjerrig havfrue ved navn Marina. Marina var ikke som de andre havfruene som tilbrakte dagene med å gre håret sitt med skjell og leke med delfiner. Nei, Marina drømte om noe mer: hun ønsket å gå på land!

Hver dag svømte Marina opp til overflaten og stirret lengtende mot stranden. Hun så på barna som bygde sandslott, lekte spill og løp fritt langs stranden. "Å, hvordan jeg ønsker jeg kunne være med dem," sukket hun lengtende.

Marinas beste venn, en klok gammel havskilpadde ved navn Terrance, lyttet ofte til drømmene hennes. En solfylt morgen, mens de fløt nær et korallrev, snudde Terrance seg mot Marina med et glimt i øyet. "Marina, kjære deg, har du hørt om den magiske sjøstjernen som oppfyller ønsker?"

Marinas øyne ble vidåpne av spenning. "En magisk sjøstjerne? Fortell meg mer, Terrance!"

Terrance nikket viselig. "Det sies at dypt inne i Korallpalasset ligger det en magisk sjøstjerne som kan oppfylle hvilket som helst ønske. Men å nå den vil ikke være enkelt. Du må bevise din tapperhet og godhet på veien."

Fast bestemt på å få drømmen sin oppfylt, bega Marina seg ut på et eventyr. Hun svømte gjennom solbelyste korallrev, unngikk lekne sjøottere og til og med lurte en rampete blekksprut som prøvde å kile henne med tentaklene sine.

Til slutt, etter en lang reise gjennom havets dyp, kom Marina til Korallpalasset. Palasset var et praktfullt syn, med tårn av korall pyntet med perler og tanggardiner som svaide forsiktig i strømmene. I hjertet av palasset fant Marina den magiske sjøstjernen som hvilte på en seng av glitrende sand.

"Hallo, modige havfrue," hvisket sjøstjernen med en stemme så myk som havbris. "Jeg er drømmenes vokter. Hva er ditt største ønske?"

Marina pustet dypt og snakket fra hjertet. "Å, magiske sjøstjerne, jeg ønsker meg ben slik at jeg kan gå på land og utforske verden over havet."

Sjøstjernen lyste opp og nikket. "Ditt ønske skal oppfylles, men husk, med denne gaven følger et stort ansvar. Bruk den klokt og verdsett alltid havet, for det er ditt hjem."

Med et sveip med finnene kastet sjøstjernen en glitrende trylleformel over Marina. Hun kjente en prikkende følelse i halen, og sakte men sikkert ble skjellene til hud. Marina gispet av glede da hun så to slanke ben der halen hennes hadde vært.

"Jeg klarte det! Jeg har ben!" utbrøt Marina, snurrende rundt av glede. Hun takket den magiske sjøstjernen og tok farvel med Korallpalasset og vennene sine.

Da Marina svømte opp til overflaten, banket hjertet hennes av spenning. Hun dukket opp fra vannet og tråkket på den varme sanden for første gang. Følelsen av sandkorn mellom tærne var som ingenting hun hadde opplevd før. Hun tok et forsiktig skritt fremover, deretter et til, og snart løp hun langs stranden, leende av ren glede.

Barna som lekte på stranden stoppet opp og stirret i ærefrykt på den vakre havfruen med ben. "Hvem er du?" spurte en av dem, med øynene store av undring.

"Jeg heter Marina," svarte hun med et smil. "Jeg er en havfrue som ønsket meg ben så jeg kunne utforske deres verden."

Fra den dagen av ble Marina en kjær venn for alle barna langs stranden. Hun lærte dem om havets underverker og delte historier om eventyrene sine under vann. Og hver kveld, når solen sank ned over horisonten, vendte Marina tilbake til havet, der hun hørte hjemme, takknemlig for sitt magiske ønske og den gleden det brakte til begge verdener.